ମୃତ୍ୟୁବୋଧ: ଜୀବନବୋଧ

ମୃତ୍ୟୁବୋଧ: ଜୀବନବୋଧ

ମହେନ୍ଦ୍ର ଭଟ୍ଟନାଗର

ଅନୁବାଦ:
ମନୋରଂଜନ ପଟ୍ଟନାୟକ

ବ୍ଲାକ୍ ଈଗଲ୍ ବୁକ୍ସ
ଭୁବନେଶ୍ୱର, ଓଡ଼ିଶା

BLACK EAGLE BOOKS
Dublin, USA

ମୃତ୍ୟୁବୋଧ: ଜୀବନବୋଧ / ମୂଳ ହିନ୍ଦୀ: ମହେନ୍ଦ୍ର ଭଟ୍ଟନାଗର

ଅନୁବାଦ: **ମନୋରଂଜନ ପଟ୍ଟନାୟକ**

ବ୍ଲାକ୍ ଇଗଲ୍ ବୁକ୍ସ : ଭୁବନେଶ୍ୱର, ଓଡ଼ିଶା • ଡବଲିନ୍, ଯୁକ୍ତରାଷ୍ଟ୍ର ଆମେରିକା

BLACK EAGLE BOOKS

USA address:
7464 Wisdom Lane
Dublin, OH 43016

India address:
E/312, Trident Galaxy, Kalinga Nagar,
Bhubaneswar-751003, Odisha, India

E-mail: info@blackeaglebooks.org
Website: www.blackeaglebooks.org

First International Edition Published by
BLACK EAGLE BOOKS, 2024

MRUTYUBODHA: JEEBANBODHA
by **DR. MAHENDRA BHATANAGAR**
Odia Translated by **Manoranjan Pattanayak**

Odia Translation Copyright © **Manoranjan Pattanayak**

All rights reserved. No part of this publication may be reproduced, stored in a retrieval system, or transmitted, in any form or by any means, electronic, mechanical, photocopying, recording or otherwise without the prior permission of the publisher.

Cover & Interior Design: Ezy's Publication

ISBN- 978-1-64560-538-6

Printed in the United States of America

ଉତ୍ସର୍ଗ

ବାପା ବୋଉଙ୍କ ସ୍ମୃତିରେ ଉତ୍ସର୍ଗୀକୃତ

-ବାବୁନି

ସୂଚୀପତ୍ର

କୃତଜ୍ଞତା	୧୩
କୃତଜ୍ଞତା : ପୁନର୍ବାର	୧୫
କାଳଚକ୍ର	୧୬
ନିରୁଦ୍ବିଗ୍ନ	୧୭
ଚିନ୍ତନ	୧୮
ପ୍ରହେଳିକା	୨୦
ସତ୍ୟ	୨୧
ମୃତ୍ୟୁ-ରୂପ	୨୩
ନିଷ୍କର୍ଷ	୨୫
ଜନ୍ମ-ମୃତ୍ୟୁ	୨୬
ଯୁଗ୍ମ	୨୮
ପ୍ରତିମୁଖ	୩୦
ସମାନ	୩୧
ବାଣୀ	୩୨
କାମନା	୩୩
ବାସ୍ତବ	୩୪
ଜୀବନ-ଦର୍ଶନ	୩୬
ଚରୈବେତି	୩୭
ଗବେଷଣାରତ	୩୯
ସାର୍ଥକତା	୪୧
ପ୍ରାର୍ଥନା	୪୩
ମୃଗ-ତୃଷା	୪୫
ସଂକଳ୍ପ	୪୭
ଜୟଘୋଷ	୪୯
ଆହ୍ୱାନ	୫୧
ଗୋଟେ ଦିନ	୫୨

ଉଦ୍ଦେଶ୍ୟ	୫୪
ଅଭୀଷ୍ଟ	୫୫
ମନୋବାଞ୍ଛା	୫୬
ସିଦ୍ଧ	୫୭
ସୁପ୍ତ ଦୃଷ୍ଟି	୫୮
ସାମ୍ୟ	୫୯
ଭୟଙ୍କର	୬୧
ମୃତ୍ୟୁ-ଦର୍ଶନ	୬୩
ନିମନ୍ତ୍ରଣ	୬୪
ମୃତ୍ୟୁର ଅପ୍ସରା	୬୬
ନିବେଦନ	୬୮
ମୃତ୍ୟୁ-ବିଧ୍	୭୦
ତୁଳନା	୭୧
ଦୂରତ୍ୱ	୭୨
ଅନ୍ତ	୭୩
ଆଘାତ	୭୫
ସତ୍ୟ	୭୭
ନିଷ୍ଠ	୭୮
ଘୋଷଣା	୭୯
ପ୍ରମାଣ	୮୨
ବିଦାୟ	୮୩
ତପସ୍ୱୀ	୮୪
ମୃତ୍ୟୁ-ପତ୍ର	୮୬
କୃତକର୍ମା	୮୮

ଭୂମିକା

ମହେନ୍ଦ୍ର ଭଟନାଗର (୨୬ ଜୁନ୍ ୧୯୨୬-୨୭ ଏପ୍ରିଲ୍ ୨୦୨୦) ଜଣେ ଦ୍ୱି-ଭାଷିକ କବି - ହିନ୍ଦୀ ଓ ଇଂରେଜୀ।

୨୬ ଜୁନ୍ ୧୯୨୬ ମସିହାରେ ଝାଂସୀ ନିକଟସ୍ଥ ନାନାସାରରେ ତାଙ୍କର ଜନ୍ମ। ପ୍ରାଥମିକ ଶିକ୍ଷା ଝାଂସୀ, ଗ୍ୱାଲିୟର, ସବଲଗଡ଼ରେ, ଶାସକୀୟ ବିଦ୍ୟାଳୟ, ଗ୍ୱାଲିୟରରୁ ମାଟ୍ରିକ (୧୯୪୧ ମସିହାରେ), ଭିକ୍ଟୋରିଆ କଲେଜ, ଗ୍ୱାଲିୟର (୧୯୪୧-୧୯୪୨) ଏବଂ ମାଧବ ମହାବିଦ୍ୟାଳୟ, ଉଜ୍ଜୟିନୀ (୧୯୪୨-୧୯୪୩)ରେ ଇଣ୍ଟରମିଡିଏଟ୍ (୧୯୪୩ ମସିହାରେ), ଭିକ୍ଟୋରିଆ କଲେ ଗ୍ୱାଲିୟରରୁ ବି.ଏ. (୧୯୪୫ ମସିହାରେ), ନାଗପୁର ବିଶ୍ୱବିଦ୍ୟାଳୟରୁ ୧୯୪୮ ମସିହାରେ ଏମ୍.ଏ. (ହିନ୍ଦୀ) ଏବଂ ୧୯୫୩ ମସିହାରେ "ସମସ୍ୟାମୂଳକ ଉପନ୍ୟାସକାର ପ୍ରେମଚନ୍ଦ" ବିଷୟ ଉପରେ ପି.ଏଚ୍.ଡି। ଜୁଲାଇ ୧୯୪୫ ମସିହାରେ ଅଧ୍ୟାପନ କାର୍ଯ୍ୟ - ଉଜ୍ଜୟିନୀ, ଦେବାସ, ଧାର, ଦତିୟା, ଇନ୍ଦୋର, ଗ୍ୱାଲିୟର, ମହୂ, ମନ୍ଦସୌରରେ। କମଳାରାଜା କନ୍ୟା ସ୍ନାତକୋତ୍ତର ମହାବିଦ୍ୟାଳୟ, ଗ୍ୱାଲିୟର ଜୀବାଜୀ ବିଶ୍ୱବିଦ୍ୟାଳୟ, ଗ୍ୱାଲିୟରରୁ ୧ ଜୁଲାଇ ୧୯୮୪ରେ ପ୍ରଫେସର - ଅଧ୍ୟକ୍ଷ ପଦରୁ ସେବାନିବୃତ୍ତ।

ଅଧିକାଂଶ ସାହିତ୍ୟ "ମହେନ୍ଦ୍ର ଭଟନାଗର ସମଗ୍ର"ର ଛଅ-

ଖଣ୍ଡରେ ଏବଂ କାବ୍ୟ ସୃଷ୍ଟି "ମହେନ୍ଦ୍ର ଭଟନାଗର କୀ କବିତା- ଗଂଗା"ର ତିନି ଖଣ୍ଡରେ ପ୍ରକାଶିତ।

୧୯୪୧ ମସିହାର ପ୍ରାୟ ଶେଷ ଆଡ଼କୁ କାବ୍ୟ-ଚରନାର ଆରମ୍ଭ। ସେତେବେଳେ ମହେନ୍ଦ୍ର ଭଟନାଗର ଭିକ୍ଟୋରିଆ କଲେଜ, ଗ୍ୱାଲିୟରରେ ଇଣ୍ଟରମିଡିଏଟ୍(ପ୍ରଥମ ବର୍ଷ)ର ଛାତ୍ର ଥିଲେ। ସମ୍ଭବତଃ ତାଙ୍କର ପ୍ରଥମ କବିତା "ସୁଖ-ଦୁଃଖ"; ଯାହା ତାଙ୍କ କଲେଜ ମାଗାଜିନ୍‌ର କୌଣସି ଗୋଟିଏ ଅଙ୍କରେ ପ୍ରକାଶ ପାଇଥିଲା। ବସ୍ତୁତଃ ପ୍ରଥମ ପ୍ରକାଶିତ କବିତା "ହୁଙ୍କାର", ଯାହା "ବିଶାଳ ଭାରତ" (କଲିକତା) ର ମାର୍ଚ୍ଚ ୧୯୪୪ର ଅଙ୍କରେ ପ୍ରକାଶିତ ହୁଏ।

ପ୍ରାୟ ଛଅ ବର୍ଷର କାବ୍ୟ-ରଚନାର ପରିପେକ୍ଷ ସ୍ୱତନ୍ତ୍ରତା-ପୂର୍ବ ଭାରତ, ଶେଷ ସ୍ୱତନ୍ତ୍ରୋତ୍ତର।

ହିନ୍ଦୀର ତତ୍କାଳୀନ ତିନୋଟିଯାକ କାବ୍ୟ-ଧାରାରେ ସଂପୃକ୍ତ - ରାଷ୍ଟ୍ରୀୟ କାବ୍ୟଧାରା, ଉତ୍ତର ଛାୟାବାଦୀ ଗୀତିକାବ୍ୟ ଏବଂ ପ୍ରଗତିବାଦୀ କବିତା।

ସମାଜାର୍ଥିକ-ରାଷ୍ଟ୍ରୀୟ-ରାଜନୈତିକ ଚେତନା-ସମ୍ପନ୍ନ ରଚନାକାର।

୧୯୪୬ ମସିହାରେ ପ୍ରଗତିବାଦୀ କାବ୍ୟ-ଆନ୍ଦୋଳନରେ ସକ୍ରିୟ ଭାବରେ ସମ୍ବନ୍ଧ। ହଂସ (ଆଲ୍ଲାବାଦ)ରେ କବିତାଗୁଡ଼ିକର ପ୍ରକାଶନ। ତାପରେ ଅନ୍ୟ ଜନବାଦୀ-ବାମ ପତ୍ରିକାଗୁଡ଼ିକରେ ପ୍ରକାଶ ପାଏ। ପ୍ରଗତିଶୀଳ ହିନ୍ଦୀ କବିତାର ଦ୍ୱିତୀୟ ଉତ୍‌ଥାନର ଚର୍ଚ୍ଚିତ ହସ୍ତାକ୍ଷର।

୧୯୪୯ ମସିହାରେ କାବ୍ୟକୃତିଗୁଡ଼ିକର କ୍ରମଶ ପ୍ରକାଶନ।

ପ୍ରଗତିଶୀଳ ମାନବବାଦୀ କବିରୂପରେ ପ୍ରତିଷ୍ଠିତ। ସମାଜାର୍ଥିକ ଯଥାର୍ଥର ଅତିରିକ୍ତ ଅନ୍ୟ ପ୍ରମୁଖ କାବ୍ୟ-ବିଷୟ ହେଲା - ପ୍ରେମ, ପ୍ରକୃତି, ଜୀବନ-ଦର୍ଶନ। ଦରଦର ଗହନ ଅନୁଭୂତିଗୁଡ଼ିକର ସମାନ୍ତର ଜୀବନ ଓ ଜଗତ ପ୍ରତି ଆସ୍ଥାବାନ କବି। ଅଦମ୍ୟ ଜିଜୀବିଷା ଏବଂ ଆଶା-ବିଶ୍ୱାସର ଅଦ୍ଭୁତ-ଅକଂପ ସ୍ୱରର ସର୍ଜକ।

କାବ୍ୟ-ଶିଳ୍ପ ପ୍ରତି ବିଶେଷ ରୂପରେ ଜାଗରୁକ।

ଛନ୍ଦ-ବଦ୍ଧ ଏବଂ ମୁକ୍ତ-ଛନ୍ଦର ରଚନାଗୁଡ଼ିକ ବି ମାତ୍ରିକ ଛନ୍ଦରେ ଅନୁଶାସିତ। କାବ୍ୟ-ଭାଷାରେ ତତ୍‌ସମ ଶବ୍ଦଗୁଡ଼ିକର ଅତିରିକ୍ତ ତଦ୍‌ଭବ ଓ ଦେଶଜ ଶବ୍ଦଗୁଡ଼ିକର ପ୍ରଚୁର ପ୍ରୟୋଗ।

ସର୍ବତ୍ର ପ୍ରାଞ୍ଜଳ ଅଭିବ୍ୟକ୍ତି। ଲକ୍ଷଣା-ବ୍ୟଞ୍ଜନା ବି ଦୁରୂହ ନୁହେଁ। ସହଜ କାବ୍ୟର ପୁରୋଧା, ସୀମିତ ପ୍ରସଂଗ-ଗର୍ଭତ୍ୱ। ବିଚାର-ଭବକୁ ପ୍ରଧାନତା। କବିତାର ଅନ୍ତର୍ବସ୍ତୁ ପ୍ରତି ସଜାଗ।

ସର୍ବମୋଟ ତାଙ୍କର ୨୦ଟି କାବ୍ୟ-କୃତି ପ୍ରକାଶିତ। କବିତାଗୁଡ଼ିକ ଇଂରେଜୀ, ଫରାସୀ, ଚେକ୍ ଏବଂ ଅଧିକାଂଶ ଭାରତୀୟ ଭାଷାରେ ଅନୂଦିତ। ତାଙ୍କର "କଳା-ସାଧନା" ନାମକ ପୁସ୍ତକ ଓଡ଼ିଆରେ ଅନୂଦିତ ହୋଇ ପ୍ରକାଶ ପାଇଛି।

ଅଖିଳ ଭାରତୀୟ ହିନ୍ଦୀ ସାହିତ୍ୟ ସମ୍ମେଳନର ୨୦୧୦ ଅଧିବେଶନରେ ସର୍ବୋଚ୍ଚ "ସାହିତ୍ୟ ବାଚସ୍ପତି" ସମ୍ମାନରେ ବିଭୂଷିତ।

ପ୍ରାୟ ୯୪ ବର୍ଷ ବୟସରେ ୨୭ ଏପ୍ରିଲ ୨୦୨୦ ମସିହାରେ କବିଙ୍କର ମୃତ୍ୟୁ ହୁଏ।

ତାଙ୍କ ଲିଖିତ "ମୃତ୍ୟୁ ବୋଧ: ଜୀବନ ବୋଧ" ଗୋଟିଏ ଅତି ସୁନ୍ଦର କାବ୍ୟଗ୍ରନ୍ଥ। ତାହାର ଓଡ଼ିଆ ଅନୁବାଦ ଏଯାଏଁ ହୋଇ ନଥିବାରୁ ମୁଁ ତାର ଅନୁବାଦ କରିବାକୁ ସ୍ଥିର କଲି।

ଏହି ଅନୁବାଦଟି ଓଡ଼ିଶାର ସୁଧୀ ପାଠକ-ପାଠିକାଙ୍କ ମହଲରେ ଆଦୃତ ହେବ ବୋଲି ଆଶା ଓ ବିଶ୍ୱାସ।

- ଅନୁବାଦକ

କୃତଜ୍ଞତା

ମୃତ୍ୟୁ ଅଛି;
ମୃତ୍ୟୁ ନିଶ୍ଚିତ,
ଅଟଳ-

ଜୀବନ ଏଇଥି ପାଇଁ ତ
ଏତେ କାମ୍ୟ !
ଏଇଥି ପାଇଁ ତ
ଜୀବନ - ମରଣ ଭିତରେ
ଏତେ ପରସ୍ପର ସାମ୍ୟ ଅଛି ।

ମୃତ୍ୟୁ ହିଁ
ଜୀବନକୁ ଦେଇଛି ସୌନ୍ଦର୍ଯ୍ୟ
ଏତେ
ଅଶେଷ-ଅପାର !

ମୃତ୍ୟୁ ହିଁ
ମାନବକୁ ଦେଇଛି
ଜୀବନ-କଳା-ସୌନ୍ଦର୍ଯ୍ୟ
ଏତେ ଶୃଙ୍ଗାର - ଅଳଙ୍କରଣ ।

ନିଃସନ୍ଦେହ
ଏହା ସ୍ୱୀକାର୍ଯ୍ୟ-
ନଶ୍ୱରତା,
ମୃତ୍ୟୁ-ଦର୍ଶନ / ଅନୁଭବ
ପ୍ରତି କ୍ଷଣରେ ମୃତ୍ୟୁର ଦୁଶ୍ଚିନ୍ତା !

କୃତଜ୍ଞତା ।
ମୃତ୍ୟୁ ପ୍ରତି
ପ୍ରାଣର କୃତଜ୍ଞତା !

କୃତଜ୍ଞତା : ପୁନର୍ବାର

ମୃତ୍ୟୁ ଜୀବନକୁ କରି ଦେଇଛି
ବହୁତ ସୁନ୍ଦର,

ବସ୍ତୁତଃ
ଜଗତକୁ କରିଛି ରୂପାନ୍ତରିତ
ଗୋଟିଏ ସୁଖଦ ସ୍ୱର୍ଗରେ,

ସେଥିପାଇଁ ତ ଆମେ ଜାଣିଛୁ
ପ୍ରେମର ଅର୍ଥ
ପ୍ରକୃତରେ କ'ଣ,

ମଣିଷକୁ
ଅମର ଥିବା ଦେବତାମାନଙ୍କଠାରୁ ମଧ୍ୟ
ଅଧିକ ଉନ୍ନତ କରି ଦେଇଛି।

କାଳଚକ୍ର

କାଳଚକ୍ର ହେଉଛି
ନିର୍ମମ
ଅତିଶୟ ନିର୍ମମ !
ଯାହା ତଳେ
ଜଡ଼-ଜଙ୍ଗମ
କ୍ରମଶ ପେଶି ହେଉଛନ୍ତି ଆଉ ବଦଳୁଛି
ପ୍ରତି କ୍ଷଣ, ପ୍ରତି ପଳ !
ଥର ଥର କଂପୁଛି ଭୂମଣ୍ଡଳ !

ଅଦୃଶ୍ୟ ଭାବରେ
ନିଃଶବ୍ଦରେ
ଅବିରତ ଘୂରୁଛି
ଏହି କାଳ-ଚକ୍ର
ନିର୍ବିଘ୍ନ... ନିର୍ବିକାର !

ଏହା ସମ୍ମୁଖରେ
ସ୍ଥିରତାର କୌଣସି
ଅସ୍ତିତ୍ୱ ନାହିଁ
ଏହାର ଗତିରେ
ସତତ ନିୟନ୍ତ୍ରିତ ହେଉଛି
ଜୀବନ ଓ ମରଣ
ପୃଥିବୀ ଓ ଗଗନ !

ନିରୁଦ୍ବିଗ୍ନ

ମୃତ୍ୟୁକୁ ଯଦି ଡ଼ରିବା
ତାହେଲେ
ଜୀବନ ହୋଇଯିବ
ନିରର୍ଥକ !

ହୋଇଯିବ ଭାରବୁହା
ଶୁଷ୍କ ନୀରସ
ନିରାନନ୍ଦ ମାନସ ।

ସୁତରାଂ
ସେତେବେଳେ ସାର୍ଥକ ହେବ
ଜୀବନ,
ଯେତେବେଳେ ମୃତ୍ୟୁଭୟରୁ ମୁକ୍ତ ହୋଇ ରହିବ
ପ୍ରତିକ୍ଷଣ ।

ମୃତ୍ୟୁ-ଭୟର
ନାଆଁ ନେବା ଅଶୁଭ ଲକ୍ଷଣ,
ଅଥବା
ପ୍ରଳୟର ଏହା କାରଣ ।

ଚିନ୍ତନ

ମୃତ୍ୟୁ ?
ଗୋଟିଏ ପ୍ରଶ୍ନଚିହ୍ନ !
ଏହାର ରହସ୍ୟ ଜାଣିବା
ଦୁରୂହ ନୁହେଁ;
ମନୁଷ୍ୟ ପାଇଁ
ତାହା ସବୁ ଅଜ୍ଞାତ ।
ଦେହ ପଞ୍ଚତତ୍ତ୍ଵରେ ବିଲୀନ
ସବୁକିଛି ଛିନ୍ନ-ଭିନ୍ନ !
ସମାପ୍ତ ।

ପ୍ରତ୍ୟାବର୍ତ୍ତନ କରିବନି ଜୀବନ;
ତାହା ଅସମ୍ଭବ
ପୁଣି ତାକୁ ପୁନର୍ଜୀବିତ କରିବା
ଆଉ ଜୀବନର ରହସ୍ୟ ଜାଣିବା
ଯେତେବେଳେ ସ୍ଵୟଂ ଆଉ ନାହିଁ ।

ମରଣ-ପ୍ରହେଳିକା
ଅଦ୍ଭୁତ ପ୍ରହେଳିକା
ଅଜଣା ଏଯାଏଁ
ଗୋଟିଏ ଅଜବ ପ୍ରହେଳିକା !

ସବୁ ପ୍ରଚେଷ୍ଟା ବ୍ୟର୍ଥ
ମୃତ୍ୟୁର ଅର୍ଥ ନିରୁପଣ କରିବା ପାଇଁ,
ଏହା ଏକ ଜଟିଳ, କଠିଣ
କଳ୍ପନା ।

ପ୍ରହେଳିକା

କ'ଣ କହିଲ ?
ଶରୀର
ବଞ୍ଚି ରହିବାର ଯୋଗ୍ୟ ହୋଇ ରହିଲାନି;

ଏଇଥି ପାଇଁ...
ଆତ୍ମା !
ତୁମେ ଚାଲିଗଲ।

ନୂତନ ସନ୍ଧାନରେ
ଅଜଣା ପଥରେ;

କେଉଁଠିକି ?
ତେବେ କେଉଁଠିକି ? ?

ଅଜ୍ଞାତ,
ସବୁକିଛି ଅଜ୍ଞାତ !
ରାତ୍ରି ଖୁବ୍ ଅନ୍ଧକାର,
ରହସ୍ୟରେ ପୂର୍ଣ୍ଣ
ପ୍ରତ୍ୟେକ କଥା !

କିଏ କରୁଛି ପ୍ରଶ୍ନ ?
କିଏ ଦେଉଛି ଉତ୍ତର ?

ସତ୍ୟ

ମୃତ୍ୟୁ ଯଦି ନଥାନ୍ତା
ତା ହେଲେ ଈଶ୍ୱରଙ୍କର ବି
ନଥାନ୍ତା ଅସ୍ତିତ୍ୱ,
ସେତେବେଳେ ମାନବ
କରୁ ନଥାନ୍ତା ଭାଗ୍ୟ ସହିତ ସନ୍ଧି !

ଈଶ୍ୱର କେବଳ ପ୍ରତୀକ,
ଈଶ୍ୱର ହେଉଛନ୍ତି ପ୍ରମାଣ
ମାନବର ଅସହାୟତାର,
ମୃତ୍ୟୁ ଅନ୍ତେ ଥିବା ପ୍ରସ୍ତୁତିର ।

ସ୍ୱର୍ଗ-ନରକର
ସମଗ୍ର ଦର୍ଶନ-ଚିନ୍ତନ
ହେଉଛି କପୋଳ-କଳ୍ପିତ,

ମାନବ
ମୃତ୍ୟୁ-ଦୂତର ଡାକରାରେ
ପ୍ରତି କ୍ଷଣ ଆତଙ୍କିତ
ରହେ ସଦା ରୋମାଞ୍ଚିତ !

ତାକୁ ଜଣା ଅଛି
'ମୃତ୍ୟୁ ସୁନିଶ୍ଚିତ !'
ସେଥିଲାଗି ତା'ର ପ୍ରତିଟି ପଦକ୍ଷେପ
ସଂଶୟାକୀର୍ଣ୍ଣ !

ଖାଲି ଏହା ନୁହେଁ
ତଥାକଥିତ ମର୍ତ୍ତ୍ୟ ଲୋକ ସହିତ
ନିତାନ୍ତ ଅପରିଚିତ;
ସିଏ ।

ସେଇଥି ପାଇଁ ତ
ସିଏ ଯାଉଛି
ଈଶ୍ୱରଙ୍କ ଶରଣରେ
ପାଇବାକୁ ଚିର ଶାନ୍ତି ମରଣ ପରେ !

ସେଇଥି ପାଇଁ ତ
ସିଏ ଗାଉଛି
ଏକ-ମାତ୍ର
'ରାମ ନାମ ସତ୍ୟ ଅଟେ !'

ଆରେ, ଜନ୍ମ-ମୃତ୍ୟୁ କିଛି ନୁହେଁ
ତାହାର ନିଷ୍ଠୁର ଲୀଳା-ଖେଳା ବ୍ୟତୀତ ।

ମୃତ୍ୟୁ-ରୂପ

ମୃତ୍ୟୁ ସ୍ୱାଭାବିକ ହେଉ
ଅଥବା ହେଉ ଆକସ୍ମିକ ଦୁର୍ଘଟଣା
ନିଷ୍କର୍ଷ ହେଉଛି କେବଳ ଗୋଟିଏ-
ଚେତନାମୟ ଜୀବନର ଅନ୍ତ,

ଚେତନାଶୂନ୍ୟ ହେବା
ସକ୍ରିୟ ଦେହର,
ସବୁବେଳ ପାଇଁ ସୁପ୍ତ ହୋଇ ରହିଯିବା
ହୃଦୟ-ସ୍ପନ୍ଦନର !

ଦୁଇଟିଯାକ ତଥାକଥିତ
ବିଧିର ଲେଖା,
ଭାଗ୍ୟ-ଲିପି ଅଦୃଷ୍ଟ, ଅନପେନୟ !

କିନ୍ତୁ
ଜୀବ-ବଧ
ଅଥବା ଆତ୍ମହତ୍ୟା
କିମ୍ବା ହତ୍ୟା-ଭାବ-ବହନ କାର୍ଯ୍ୟ ହୋଇଥାଉ,
ବା ବ୍ୟକ୍ତି ଓ ସମାଜର ରକ୍ଷାର୍ଥେ
ଦୁଷ୍କୃତମାନଙ୍କର ଦମନ-ଦଳନ ହେଉ,
ତାହା ନୁହେଁ ମରଣ;

ତାହା ହେଉଛି ପ୍ରାଣ-ହରଣ।
ଯଦିଓ ଅନ୍ତ ଗୋଟିଏ
ମୃତ୍ୟୁ !

ପ୍ରକୃତ ମୃତ୍ୟୁ ଅଥବା ଅକାଳ-ମୃତ୍ୟୁ।

ନିଷ୍କର୍ଷ

ମୃତ୍ୟୁ
ପ୍ରଶ୍ନଚିହ୍ନ ।

ସ୍ଥିର
ଅନୁତ୍ତରିତ
ଅଡ଼ି କରି,
ପ୍ରତିପକ୍ଷ ରୂପରେ
ଠିଆ ହୋଇଛି ।

କିନ୍ତୁ, ନା
ମନୁଷ୍ୟ ହାର ମାନେନା
ସାମାନ୍ୟ ଈଶ୍ୱରଙ୍କ କଳ୍ପନାର
ସପକ୍ଷରେ ନୁହେଁ,
ପ୍ରଶ୍ନର ଉତ୍ତରରେ,
ନା, ନା !

ମୃତ୍ୟୁର ରହସ୍ୟ
ହେବ ନିବାରଣ... ପ୍ରକଟ
ଅବଶ୍ୟ
ଅବଶ୍ୟ
ଗୋଟିଏ ଦିନ !

ଜନ୍ମ-ମୃତ୍ୟୁ

ମୃତ୍ୟୁ:
ଜନ୍ମ ସହିତ ବନ୍ଧା
ଶକ୍ତ ଡୋରିରେ !
ଜନ୍ମ:
ଗୋଟିଏ ପଟେ;
ମୃତ୍ୟୁ:
ଅନ୍ୟ ପଟର ଚରମ ପ୍ରାନ୍ତରେ !
ଜନ୍ମ- ଗୋଟଏ ତଟ
ମରଣ-ଗୋଟିଏ ପ୍ରତିକୂଳ ।
ଜନ୍ମ: କାହିଁକି ହର୍ଷ ?
ମୃତ୍ୟୁ: କାହିଁକି ବେଦନା ?
ଜନ୍ମ-ମୃତ୍ୟୁ ଯେବେ ସମାନ-ସମାନ ?
ପ୍ରଥମଟି / ରୂପବାନ;
ଦ୍ୱିତୀୟଟି / ମହା ନିଧାନ !
ଜନ୍ମ ହେଉଛି ସୂତ୍ରପାତ
ମୃତ୍ୟୁ ହେଉଛି ନାଶ, ଆଘାତ !
ଜନ୍ମ ଜ୍ଞାତ,
ମୃତ୍ୟୁ ଅଜ୍ଞାତ !
ଜନ୍ମ ଆଦି,
ମୃତ୍ୟୁ ଅନ୍ତ !
ଜନ୍ମ ପ୍ରାରମ୍ଭ

ମୃତ୍ୟୁ ଜାଗତିକ ପ୍ରାନ୍ତ !
ଜନ୍ମ ହିଁ, ହେଉଛି ଜାଗତିକ,
ମୃତ୍ୟୁ ହିଁ, ହେଉଛି ଘାତକ !
ଜନ୍ମ ଗୋଟିଏ ନବୀନ ପ୍ରଭାତ
ମୃତ୍ୟୁ ଗୋଟିଏ ଘନ ଅନ୍ଧକାର ରାତ୍ରି !

ଯୁଗ୍ମ

ଚତୁର୍ଦ୍ଦିଗରେ
ବାଲୁକାମୟ ମରୁ ବିସ୍ତୃତ
ଲିଭିଯାଇଥିବା ପ୍ରଦୀପ-ଶିଖା ପରି
ବାଦାମୀ
ପିଙ୍ଗଳ।
ବିବର୍ଣ୍ଣ ହରିତ
ଜଳ-ରହିତ,
ପଳାୟନରତ ବୟସ
ମରଣାସନ୍ନ !

ତେବେ
ଅସଂଖ୍ୟ
ଢେଉତୋଳା.... ସବୁଜ
ମରୁଦ୍ୱୀପ !

କଣ୍ଟକାକୀର୍ଣ୍ଣ
ପତ୍ର-ରହିତ
ବଢୁଥିବା ବୃକ୍ଷ ସମୂହ
ଜୀବନ-ଚିହ୍ନର
ପତାକା !

ଜଳାଶୟ
ଯାହା ବିଶ୍ରାମସ୍ଥଳ.... ଜୀବନଦାତ୍ରୀ
ପ୍ରାଣଦାୟିନୀ !

ପ୍ରତିମୁଖ

ଜୀବନ : ହର୍ଷୋଲ୍ଲାସ
ମୃତ୍ୟୁ : ଅନ୍ତିମ ନିଶ୍ୱାସ
ଗୋଟିଏ ମଧୁର ରାଗ / ଚିତ୍କାର
ଶୁଭ କର୍ମ / ହାହାକାର !

ସମାନ

ପ୍ରାତ ବି ଅରୁଣ
ସନ୍ଧ୍ୟା ବି ଅରୁଣ
ପ୍ରାତ-ସନ୍ଧ୍ୟା ଏକ ସମାନ।
ଜନ୍ମ ପରେ ରୋଦନ
ମୃତ୍ୟୁ ପରେ ରୋଦନ
ଜନ୍ମ-ମୃତ୍ୟୁ ଏକ ସମାନ।

ଏହା ହିଁ ପ୍ରକୃତ ହୃଦୟ-ଚେତନା
ଯଥାର୍ଥ ଜ୍ଞାନ ତ
ଅନ୍ୟ ସବୁ ଯେତେ ଚିନ୍ତା...
ବ୍ୟର୍ଥତାରେ ପର୍ଯ୍ୟବସିତ।

ବାଣୀ

ତୁମେ କାହିଁକି ଏତେ ଉଦାସ ହେଉଛ ?
ନିଜର ଭଲମନ୍ଦ ବୁଝିବା ଶକ୍ତି କାହିଁକି ହରେଇ ବସୁଛ ?
ଜୀବନ ବହୁତ ମୂଲ୍ୟବାନ; ଏ କଥା ସତ
ମୃତ୍ୟୁ ହେଉଛି ଅଟଳ: ତେବେ କାହିଁକି କାନ୍ଦୁଛ ?

କାମନା

ବଞ୍ଚିରହ ସର୍ବେ ଶିଶୁ ଓ ତରୁଣ
ଅକାଳ-ମୃତ୍ୟୁ ଯେ ଅଟଇ କରୁଣ ।

ବାସ୍ତବ

"ମୃତ୍ୟୁ-
ଯାହାର ଅର୍ଥ ଆତ୍ମାର ଜନ୍ମ
ବାରମ୍ବାର।"

ଅସତ୍ୟ; ଏହି ବିଚାରକୁ
କଣ ସତ୍ୟ ବୋଲି ମାନିନେବା ?
ଅନ୍ଧବିଶ୍ୱାସ
ଯୁକ୍ତିହୀନ ବିଶ୍ୱାସ !

ପ୍ରାଣ / ପଞ୍ଚତତ୍ତ୍ୱରେ ବିଲୀନ,
ଅନ୍ତ / ଗୋଟିଏ ସୃଷ୍ଟିର,
ଅନ୍ତ / ଗୋଟିଏ ବ୍ୟକ୍ତିତ୍ୱର,
ଗୋଟିଏ ଜୀବର।

କେଉଁଠି ବି ନାହିଁ
ନା ଏଠି... ନା ସେଠି।

ଏହା ସତ୍ୟ ଯେ
ଗୋଟିଏ ସିଦ୍ଧାନ୍ତ ରହିଛି ଚିରନ୍ତନ ହୋଇ

କେଉଁଠି ବି ନରକ ନାହିଁ
ନା ସ୍ୱର୍ଗ କେଉଁଠି ଅଛି
ଜଗତ
ହେଉଛି ଏକମାତ୍ର ସତ୍ୟ।
ମୃତ୍ୟୁ ସତ୍ୟ।
ଜନ୍ମ ସତ୍ୟ।

ଜୀବନ-ଦର୍ଶନ

ବହିର୍ଗତି
ଭୌତିକ ସ୍ପନ୍ଦନ;
ଅନ୍ତର୍ଗତି
ଜୀବନ।

ଜୀବନ ଗତିର ବାହକ ହେଉଛି
ମୁଁ।
ସତତ ନିୟନ୍ତ୍ରକ
ମୁଁ।

ଯେତେବେଳ ଯାଏଁ
ଗତିଶୀଳ ରହିବ ଜୀବନ
ଇତିହାସ ରଚିବ
ମାନବର ଦେହ-ମନ।

କେବେ ଯେମିତି ନ ରହେ ଲୟ;
ତାଳଲୟରେ ପୂର୍ଣ୍ଣ ହୋଇ ରହୁ ଜୀବନ,
ପ୍ରତିଟି କଣା ରହୁ ଗତିବାନ।

ଲୟଗତ ହେବା ଅର୍ଥ
ଅନ୍ତର୍ଗତିକୁ ହରାଇ ବସିବା।

ମହେନ୍ଦ୍ର ଭଟନାଗର

ଚରୈବେତି

ସଂଘର୍ଷ - ସଂଗ୍ରାମରେ ହିଁ
ଜୀବନ ନିର୍ମିତ,
ନିଷ୍କ୍ରିୟ ହେବା
ଜ୍ଞାପକ - ଆସନ୍ନ ମରଣର,
ଥମିଯିବା ମରଣର ପରିଣତି।

ଜୀବନ : କେବଳ ଗତି,
ଅବିରତ ଗତି !

କ୍ରମଶଃ ବିକଶିତ ହେବା,
ପରିବର୍ତ୍ତିତ ହେବା
ହେଉଛି ଜୀବନ ଧାରଣ କରିବା !
ସ୍ଥିରତା
ପ୍ରାଣ-ବିହୀନତାର
ନିର୍ଦ୍ଦିଷ୍ଟ ଲକ୍ଷଣ !

ଜୀବନରେ କଂପନ ଅଛି, ସ୍ପନ୍ଦନ ଅଛି,
ଜୀବନ୍ତ ଦେହରେ ଅଛି ଅବିରତ
ହୃଦ-ସ୍ପନ୍ଦନ।

ଥମି ଯିବା
ହେଉଛି ଅସ୍ତିତ୍ୱ-ବିନାଶକ
ଅଶୁଭ ମୃତ୍ୟୁକୁ ଦେଉଥିବା ନିମନ୍ତ୍ରଣ,

ଚାଲୁ ଥାଅ... ଚାଲୁ ଥାଅ !
ବଞ୍ଚି ରହିବାର ଏକମାତ୍ର ମୂଳମନ୍ତ୍ର
ସାଧକ ଜୀବନ !

ଗବେଷଣାରତ

ମଣିଷ ଭିତରେ
ବଞ୍ଚିବାର ଇଚ୍ଛା
ସନାତନ ଆଉ ସର୍ବାଧିକ ପ୍ରବଳ,

ଯଦିଓ
ସବୁ ଜୀବନର
ଅନ୍ତିମ ସତ୍ୟ ହେଉଛି
ମୃତ୍ୟୁ !
ହଁ, ଅନ୍ତ ସୁନିଶ୍ଚିତ,
ଅବଶ୍ୟମ୍ଭାବୀ !

ତଥାପି / ଏହା ବି ସତ୍ୟ
ଅମରତ୍ୱ ଆଉ ତାରୁଣ୍ୟର ପ୍ରତି
ଅସ୍ଥିର ବାସନାର ବେଗ
କମ୍ ହେବନି !

ମଣିଷର ଅଦ୍ଭୁତ ପରାକ୍ରମ
ଚାହେଁ କାମନାର ସୁସ୍ୱର,
ଅଶ୍ରୁକୁ ନୁହେଁ !

ପ୍ରତିଥର
ମୃତ୍ୟୁର ଚିରନ୍ତନ ଆହ୍ୱାନର ସହିତ
ଅବିରତ ସଂଗ୍ରାମକୁ କରେ ସ୍ୱାଗତ।
ସିଏ ହେବ ମୃତ୍ୟୁଞ୍ଜୟ
ସିଏ ହେବ, ସିଏ ହେବ !

ସାର୍ଥକତା

ଖାଲି ବଞ୍ଚି ରହିବାଟା ହିଁ
ଜୀବନର ସାର୍ଥକତାର
ନୁହେଁ ପ୍ରମାଣ,
ବଞ୍ଚିବା
କେବଳ ବିବଶତା
ଯେମିତି
ମୃତ୍ୟୁ... ପ୍ରୟାଣ ।

ଯାହା ସ୍ୱାଭାବିକ
ତାକୁ ଧାରଣ କରିବାରେ
କୌଣସି ବୈଶିଷ୍ଟ୍ୟ ନଥାଏ,
ସଂଜ୍ଞା ଏହିପରି ଯେ
ପ୍ରାଣୀ ହେବା ମାନେ
ମନୁଷ୍ୟ ହେବା ନୁହେଁ ।

ମାନବ-ମହିମାର ଘୋଷଣା ସେତେବେଳେ ହୁଏ
ଯେତେବେଳେ ସଂପୂର୍ଣ୍ଣ ମାନସିକ ଶକ୍ତି ଥାଏ

ଯେତେବେଳେ ଆମେ ଜୀବନକୁ
ଅଭିନବ ଅର୍ଥ ପ୍ରଦାନ କରି ଥାଉ,
ଘନ ଅନ୍ଧକାର ଭିତରେ
ନବ-ନବ ଜ୍ୟୋତିର୍ଲୋକର କରିଥାଉ ଅନୁସନ୍ଧାନ।

ସୃଷ୍ଟି-ରହସ୍ୟକୁ ଜ୍ଞାତ କରି
ଚନ୍ଦ୍ର-ନକ୍ଷତ୍ରଙ୍କ ସହିତ କରୁ କଥୋପକଥନ।

ପରମାର୍ଥ
ହୁଅନ୍ତୁ ଆମ ଜୀବନର ଲକ୍ଷ୍ୟ,
ପ୍ରତ୍ୟେକ ଜାଗତିକ ସଂକଟ
ହୋଇଥାଉ ପଦେ ପଦେ ଭକ୍ଷ୍ୟ।

ଏତେ କ୍ଷମତା
ଅର୍ଜିତ ହେଉ
ପ୍ରାଣ ଭଲେ ହୋଇ ଯାଉ
ମୃତ୍ୟୁ ନିକଟରେ ସମର୍ପିତ।

ନାହିଁ କିଛି ଗ୍ଲାନି,
କିମ୍ବା କୌଣସି ଖେଦ,
ଏଥିରେ
ନାହିଁ କିଞ୍ଚିତ ବି ମତଭେଦ।

ଏହି ଜୀବନ ସଫଳ
ଏହି ଜୀବନ ବିରଳ
ଧନ୍ୟ ଭୂମଣ୍ଡଳ!

ପ୍ରାର୍ଥନା

ବାଞ୍ଛିତ
ଅମରତା ନୁହେଁ;
ଚାହୁଁଛି
ଅଜରତା।

ଅତୁଟ ସ୍ୱାସ୍ଥ୍ୟ, ଆରୋଗ୍ୟ
ନିରୁଦ୍‌ବିଗ୍ନତା
ଦେହ ଓ ମନର।

ଏହା ନୁହେଁ ଅଭିପ୍ରେତ ବରଦାନ
କୌଣସି
କଳ୍ପିତ ଈଶ୍ୱରଙ୍କର।

ସିଏ ଯିଏ ସ୍ୱ-ସାଧିତ ସତତ ସାଧନରେ
ନୁହେଁ କେବେ ଆରାଧନାରେ।

ତନ-କ୍ଲେଶ ମୁକ୍ତ
ମନ-କ୍ଲେଶ ମୁକ୍ତ
ହଁ,
ଶହେ ପଚିଶ ବର୍ଷ
ବଞ୍ଚୁ ଆମେ !
ନିଜ ପାଇଁ
ଅନ୍ୟମାନଙ୍କ ପାଇଁ ।

ମୃଗ-ତୃଷା

ଉଚ୍ଛୃଙ୍ଖଳ ଆଉ ମହତ୍ତ୍ୱାକାଂକ୍ଷୀ
ମାନବ
ଛୁଟି ଚାଲିଛି ଧନ ପଛରେ
ଛୁଟି ଚାଲିଛି ସୁଖ ପଛରେ
ଜୀବନ-ମୂଲ୍ୟର ବିନି-ମୟରେ।

କେତେ ଆଶ୍ଚର୍ଯ୍ୟ
ଏହି ଅଦ୍ଭୁତ, ଦୂଷିତ ମନୋଭାବ !

ଜୀବନ ରହିଲେ / ଧନ-ଯୋଗ ଘଟିବ,
ଜୀବନ ରହିଲେ / ସୁଖ-ଭୋଗ ବି ହେବ !

ଖଣ୍ଡିତ ଓ ବିଶୃଙ୍ଖଳିତ ଜୀବନ
ରୋଗଗ୍ରସ୍ତ / ଆଶାହତ, ଆହତ ଜୀବନ
କ୍ଷଣଭଙ୍ଗୁର
ମୃତ୍ୟୁକୁଣ୍ଡରେ ଯାଇ ପଡ଼ିବା ପାଇଁ ଯିଏ ଆତୁର !

ଅନ୍ଧ, ବିମୂଢ଼, ଅଜ୍ଞ
ମାନବ
ଧନକୁ ହିଁ ମନେ କରିଥାଏ ସର୍ବୋତ୍କୃଷ୍ଟ
ସୁଖକୁ ଭାବେ ସର୍ବସ୍ୱ !

ମିଳିଛି ଯେଉଁ ବହୁ ମୂଲ୍ୟ ଜୀବନ
ତାକୁ ସିଏ ନଷ୍ଟ କରିଦେବ
ଜୀବନର ଉପହାରକୁ
ସିଏ ହରାଇ ବସିବ !

ସଂକଳ୍ପ

ପରମ
ନିଷ୍ଠାବାନ
ଆମେ,
ଆଶ୍ୱସ୍ତ ହୋଇ ଓହ୍ଲାଇ ଆସୁ
ବିକଟ ଜୀବନ-ମରଣର
ଦ୍ୱନ୍ଦ୍ୱ ଭିତରକୁ !

ଅମର ଜୀବନ-ବାହିନୀର ସିପାହୀ ହୋଇ
ହେବୁନି ପରିବୃତ୍ତ
ବିପକ୍ଷର କୌଣସି
ଛଳ-କପଟରେ !

ହାରିଯାଇ ପାରୁ,
ତଥାପି, ମରଣର ସର୍ବୋଚ୍ଚତା
କେବେହେଲେ ସ୍ୱୀକାର କରିବୁନି,
ନିଜର ବଞ୍ଚି ରହିବାର ଅଧିକାରକୁ
କେବେ ଛଡ଼େଇ ନେଇଯିବାକୁ ଦେବୁନି !

ଜୟଘୋଷ ଗୁଂଜି ଉଠିବ
ଶେଷ ନିଶ୍ୱାସ ପର୍ଯ୍ୟନ୍ତ,
ସଂଘର୍ଷ-ରତ
ଜୀବନୀଶକ୍ତି ଯୁଦ୍ଧ କରିବ
ଶେଷ-ଆଶା / ପ୍ରଚେଷ୍ଟା ପର୍ଯ୍ୟନ୍ତ !

ଜୟଘୋଷ

ସାରା ବିଶ୍ୱ ନିଦ୍ରାମଗ୍ନ
ଏତେ ରାତିରେ
କିଏ ସେ କାନ୍ଦୁଛି ?

ଶୁଣିଲି
ପାଖ ଘରକୁ
ଆକ୍ରମଣ କରିଛି ମୃତ୍ୟୁ,
ଏଇଟା ସତ ଯେ
କେହି ଜଣେ କରିଛି ପ୍ରାଣତ୍ୟାଗ !

ଯମଦୂତର
ତୀକ୍ଷ୍ଣ ଛୁରିକା
ମଣିଷଟିକୁ ପୁଣି
ଛୁଇଁଛି !

ପହଞ୍ଚି ଯାଅ
ହୃଦୟାନୁଭୂତ ଅମୃତ ସଂବେଦନା ନେଇ,
ଏ ମଣିଷଟା ଯେମିତି ବଞ୍ଚେ
ବାରମ୍ୱାର !

ଜୀବନ-ଦୁନ୍ଦୁଭୀ ବାଜୁଥାଉ
କ୍ଷଣ-କ୍ଷଣ
ଯଦିଓ, କୋକେଇ ସଜା ହେଉ ଥାଉ !

ଆହ୍ୱାନ

ପ୍ରେରଣା
ଜଗାଇବା ଗାୟକର ଦଳ ଆସିଲେଣି,
ନବ-ଜୀବନର
ପ୍ରିୟ ମଧୁର ସଂଗୀତ
ଶୁଣାଇବା ବାଲା ଆସିଲେଣି !

ହୃଦୟ-ବୀଣାର ତାର ଉପରେ
ଜୀବନ-ରାଗ
ବଜାଇବାବାଲା ଆସିଲେଣି !

ମନରେ ହାର୍ ମାନି ନିଅ !
ଜାଗ !
ଦେହକୁ ଜୟ କର !
ଜାଗି ଉଠ !

ଜୀବନର
ଉଦ୍‌ବେଳିତ ସମୁଦ୍ର ଭିତରକୁ
ଡେଇଁ ପଡ଼,
ହେ ପାଣିବୁଡ଼ାଳୀଗଣ !
ନିଷ୍ଫଳତା କାଢ଼ି ଆଣ !

ଗୋଟେ ଦିନ

ଜୀବନ
ବିଜୟୀ ହେବ
ବିଶ୍ୱାସ ବିଶ୍ୱାସ ରଖ !

ତଳ ଉପରକୁ
ବିନା ଡରି, ବିନା ଡରି !

ପ୍ରତ୍ୟେକ ସଂଶୟର
ନାଶ-ବିନାଶ କରିବା !
ଜୀବନ ଜିତିବ
ବିଶ୍ୱାସ ରଖ !

ଘନ ଘୋର ଅନ୍ଧାର
ମାରାତ୍ମକ ମୃତ୍ୟୁକୁ
କରିବ ଛାୟାବୃତ, ଭୀତ,
ଏହି ବିଶ୍ୱାସ ରଖ
ସୂର୍ଯ୍ୟର ଶକ୍ତି ଓ ଦୃଢ଼ତା ଉପରେ !

ଆସ
ପ୍ରତିଟି ଛିଦ୍ରକୁ କରିବା ଉନ୍ମୋଚନ !
ଚାରିଆଡ଼େ ପ୍ରସରିଯିବ ଆଲୋକର ବନ୍ୟା !
ଜୀବନ ଜିତିବ
ବିଶ୍ୱାସ ରଖ !

ଉଦ୍ଦେଶ୍ୟ

ଆମେ
ଜୀବନର ଶିଳ୍ପୀ
କେବଳ ଜୀବନର କଥା ହିଁ
କହିବା !

ଜୀବନର ସାର୍ଥକତାକୁ ଖୋଜି,
ଜୀବନ-ତତ୍ତ୍ୱକୁ
ବୁଝିବା !

ମରଣ
ଯଦି ଆମକୁ ହରଣ କରିବାକୁ ଆସେ
ତାହେଲେ ତା ଉପରେ କରିବା
ପ୍ରତ୍ୟାଘାତ !

ଜୀବନର
ଜୟ-ଜୟକାର କରିବା ଆସ,
ଯମକୁ
ମୃତ୍ୟୁକୁ
ଆଘାତ ପ୍ରଦାନ କରି !

ଅଭୀଷ୍ଟ

ଜୀବନ-ଉପବନରେ
ମୃତ୍ୟୁ ସର୍ପିଣୀର
ଅସ୍ତିତ୍ୱ ନ ରହୁ,
ମାନବର ସତ୍ତା ଯେପରି
ମୃତ୍ୟୁ ଭୟରେ ଆତଙ୍କିତ ନ ହେଉ ।

ପ୍ରତ୍ୟେକ ବ୍ୟକ୍ତି
ଜୀବନ ବିତାଉ
ହୋଇ ସଂଦେହ ରହିତ,
ତା'ର ପ୍ରତିଟି ମୁହୂର୍ତ୍ତ ହେଉ
ଯେମିତି ମଧୁ-ସଂଚିତ !

ଜୀବନ-ଧର୍ମୀ
ଜୀବନ ସହିତ ଖେଳେ
ଭରପୁର ଜୀବନ ଯାପନ କରେ
ପ୍ରତିଟି ସୁଖର ବାହୁକୁ
ନିଜ ବାହୁରେ ବାନ୍ଧି ରଖେ !

ମନୋବାଞ୍ଛା

ଯେତେବେଳ ଯାଏଁ
ବଞ୍ଚିବାକୁ ଚାହିଁଛି
ମୁଁ,
ବଞ୍ଚିଛି ମନ ଭରି କରି !

ଭାବ
ବର୍ଷାରେ ବି
ଜଳୁଥିଲା ଦୀପ !

ନଥିଲା କାହାର
ଦୟା-ମାୟା
ବୁଝିଛି-
ନିଜ ବଳ ଉପରେ
ବିଶ୍ୱାସ ରଖି !

ସିଦ୍ଧ

ଜିଜୀବିଷୁ
କରିବନି
ମୃତ୍ୟୁର ପ୍ରତୀକ୍ଷା !

ସୁନା
ମଳହୀନ, ଖାଣ୍ଟି
ତେବେ କିଆଁ ସିଏ ଦେବ
ଅଗ୍ନିର ପରୀକ୍ଷା !

ଭ୍ରମକୁ ତ୍ୟାଗ କରି ଦିଅ,
କାଳ-ଚକ୍ରକୁ ଘୂରାଇ ଦିଅ !
ଜୀବନ ସହିତ ବନ୍ଧୁତ୍ୱ ସ୍ଥାପନ କର !
ଜଡ଼ତାକୁ କର ପରିହାର !

ସୁସ୍ଥ ଦୃଷ୍ଟି

ନିଜକୁ
ଅବିନଶ୍ୱର ବୋଲି ଭାବି
ବଞ୍ଚିକରି ରହୁଛେ
ନିଶ୍ଚିନ୍ତରେ
ହସୁଛେ ଆଉ ଗାଉଛେ,
ନିରୁଦ୍‌ବିଗ୍‌ନ ହୋଇ
ଖାଇପିଇ ବଞ୍ଚି ରହୁଛେ;

ବଞ୍ଚିବା
ଏହାକୁ କ'ଣ
ଆମେ କହିବା ?

ଅନ୍ତିମ କାଳ ସହିତ
ଯେବେ ଆମର ଭେଟ ହେବ
ଅଥବା
ଏ କଥାକୁ ନେଇ ଅନଭିଜ୍ଞ ରହିବା,

କ'ଣ
ଏହାକୁ ବଞ୍ଚି ରହିବା
ଆମେ କହିବା ?

୫୮ | ମହେନ୍ଦ୍ର ଭଟ୍ଟନାଗର

ସାମ୍ୟ

ମୁଁ ଗାଉଛି
ବିଜୟର ଗୀତ
ଗାଉଛି !

ମୃତ୍ୟୁକୁ ହରାଇଥିବା
ଜୀବନର ଜୟଗାନ
ଗାଉଛି !

ଅତି ପ୍ରିୟ ବସ୍ତୁର
ଜୀବନ-ବିସ୍ଫୋରଣର
ନିର୍ଭିକ ହୋଇ ଜୟକାର
ଗାଉଛି !

କବରଖାନାର ଆକାଶରେ
ଯେଉଁ ସ୍ୱର ହେଉଛି ଗୁଂଜରିତ
ପକ୍ଷୀମାନଙ୍କର
ସ୍ୱଚ୍ଛନ୍ଦ ପକ୍ଷୀମାନଙ୍କର
ତାହା ସବୁ ହେଉଛି
ମୋର
ଜୀବନ-ଭାବନାର ଅନୁବାଦ !
ମୋର
ଜୀବନ-ଅର୍ଚ୍ଚନାର ସହଚର !

ଭୟଙ୍କର

ସାବଧାନ !
ଉତ୍ତୋଳନ କରିଛି ମୁଁ
ଘରେ-ଘରେ
ଗ୍ରାମେ-ଗ୍ରାମେ, ସହରେ-ସହରେ
ଜୀବନର
ନବ ଜୀବନର
ଯେତେ ଲାଲ ପତାକା !
ବସ୍ତିରେ-ବସ୍ତିରେ,
ଚାରି ରାସ୍ତାର ମୋଡ଼ରେ
ଇଆଡ଼େ ସିଆଡ଼େ !
ଉତ୍ତୋଳନ କରି ଦେଇଛି
ଯେତେ ରକ୍ତ-ପତାକା !

ଆଉ ଚାଲିବନି
ଆତଙ୍କବାଦୀ, ଘାତକ, ମାନବଭକ୍ଷୀ,
ବିକାରଗ୍ରସ୍ତ
ମୃତ୍ୟୁ-ଦାନବର
କୌଣସି ଚାଲାକି !

ଶରୀର ଭିତରେ ପ୍ରବେଶ କରି
କରୁଛି ଗୋପନ ଆକ୍ରମଣ,
ଘୋଷଣା କରୁଛି ନିଜକୁ
ଯମର ଅପରାଜିତ ଦୂତ,
ଶରୀର ଭିତରେ
ବିସ୍ଫୋଟକ-ବାରୁଦ ବିଛାଇ ରଖୁଛି,
ଆଉ...
ଅଦୃଶ୍ୟ ସ୍ଥାନରୁ ଲୁଚିକରି
ଦୂରସ୍ଥ-ନିୟନ୍ତ୍ରିତ-ଯନ୍ତ୍ରର ପରିଚାଳନା କରୁଛି !

ଦେଖ
ଏବେ ସିଏ ଆଉ କେଉଁଠୁ ଆସୁଛି !

ମୃତ୍ୟୁ-ଦର୍ଶନ

ମୃତ୍ୟୁ !
ଯେତେବେଳେ ସୁନିଶ୍ଚିତ;
ବୃଥାରେ ତେବେ କାହିଁକି
ହେଉଛ ଏତେ
ଆଶଙ୍କିତ,
ଆତଙ୍କିତ !

ଆହେ, ମୃତ୍ୟୁକୁ କହିଦିଅ
'ଯେତେବେଳେ ତୁମର ଇଚ୍ଛା, ଆସି ଯାଅ !'

ଏହି ସମୟାବଧିରେ।
ଆସ,
ମିଳିମିଶି କରିବା ନାଚ-ଗାନ !
ବଜାଇବା ନାନା ବାଦ୍ୟଯନ୍ତ୍ର !

ମୌନତା ଭଙ୍ଗ କର;
ମୃତ୍ୟୁର ଚିନ୍ତା
କିଏ କରୁଛି ?

ନିମନ୍ତ୍ରଣ

ମୃତ୍ୟୁ
ଆସ,
ଦିନେ ନିଶ୍ଚୟ ଆସ !
ଆଉ ମୋତେ
ନିଜର ଉଡ଼ନ୍ତା ରଥରେ ବସାଇ
ନେଇ ଯାଅ,
ଦୂରକୁ... ବହୁତ ଦୂରକୁ
ନର୍କକୁ !

ଯାହାଫଳରେ ମୁଁ
ନରକ-ବାସୀ ମାନଙ୍କୁ
ସଂଗଠିତ କରି ପାରିବି
ସେମାନଙ୍କୁ ବିଦ୍ରୋହ ପାଇଁ
ଲଲକାର ଦେଇ ପାରିବି,
ଜୀବନକୁ ବଦଳାଇବା ପାଇଁ
ପ୍ରସ୍ତୁତ କରି ପାରିବି !

ମୁଁ ମାନୁନି
କୌଣସି ଚିତ୍ରଗୁପ୍ତଙ୍କୁ,
କୌଣସି ଯମରାଜଙ୍କୁ;
ପ୍ରତିଦ୍ୱନ୍ଦ୍ୱିତା ପାଇଁ ସେମାନଙ୍କୁ କରିବି
ଆହ୍ୱାନ !

ବାସ୍, ଟିକିଏ ଡେଇଁ ପଡ଼େ
ନରକ-କୁଣ୍ଡକୁ !
ମିଶିଯାଏ
ନରକ-ବାସୀଙ୍କର
ବିରାଟ ଭିଡ଼ ଭିତରେ !

ମୃତ୍ୟୁର ଅପ୍ସରା

ମୃତ୍ୟୁ ଆସ ମୁଁ ପ୍ରସ୍ତୁତ ଅଛି !
ଭାବନି ଯେ ମୁଁ ଅସହାୟ ।

ପୂର୍ବ-ସୂଚନା କ'ଣ ମୋତେ ଦେବନି ?
ମୋତେ କ'ଣ କୃତଜ୍ଞତା-ପାଶରେ ଆବଦ୍ଧ କରି ରଖିବନି ?

ଆସିବ-
ନିଶବ୍ଦ ପାଦରେ ଆସି
ଚକିତ କରୁଛ !
ନଟଖଟ ବାଳିକାଟି ପରି !

ଠିକ୍ ଅଛି, ସ୍ୱୀକାର କରୁଛି !
ମୋର ସ୍ନେହଶୀଳା,
ତୁମର ଏହି ଖେଳକୁ
ସ୍ୱୀକାର କରୁଛି !
ଚୁପ୍‌ଚାପ୍ ଆସ,
ମୃତ୍ୟୁ ଆସ,
ମୃତ୍ୟୁ ଆସ
ମୁଁ ପ୍ରସ୍ତୁତ ଅଛି !

ମୁଁ ଖୁବ୍ ଭଲକରି ଜାଣେ
ଯେ ଜୀବନ-ପୁସ୍ତିକାର
ତୁମେ ଉପସଂହାର !
ତେଣୁ ମୋ ପାଇଁ
ପୂର୍ଣ୍ଣତାର
ତୁମେ ଶୁଭ-ସମାଚାର !

ଆସ, ମୃତ୍ୟୁ ଆସ,
ମୁଁ ପ୍ରସ୍ତୁତ ଅଛି !
ତୁମ ପ୍ରତୀକ୍ଷାରେ ଅଛି
ସଜବାଜ ହୋଇ କରି !

ନିବେଦନ

ମୃତ୍ୟୁ
କଣ ହେଲା
ଯଦି ତୁମେ ସ୍ତ୍ରୀଲିଙ୍ଗ
ତୁମ ସହିତ ମୁଁ ବନ୍ଧୁତ୍ୱ ସ୍ଥାପନ କରି ପାରିବି !

କାହିଁକି ଲାଜ କରୁଛ ?
ଆସ
ହୁଅ ମୋର ବାନ୍ଧବୀ !
ଯଦି ସହବାସକାରିଣୀ ନ ହୁଅ
ତେବେ ହୁଅ ମୋର ପ୍ରତିବେଶିନୀ !

ତୁମେ ଯେମିତି ଜହ୍ନର ଖଣ୍ଡେ ଟୁକୁରା !
ସମ୍ମୁଖରେ ଥିବା ବାତାୟନ ଦେଇ
ଝୁଙ୍କି ପଡ଼,
କର ମୂଲ୍ୟ ନିର୍ଦ୍ଧାରଣ !

ଆଉ ଦିନେ ଅଚାନକ
ମୋତେ ସାଙ୍ଗରେ ନେଇ
ଚାଲି ଯାଅ
ପ୍ରେତ-ଲୋକକୁ !
ଏମିତି
ବକ୍-ବକ୍ କରି !

ମୃତ୍ୟୁ-ବିଧି

ସ୍ୱପ୍ନ ଦେଖିବା ପାଇଁ
ଆସୁଥିବ ମୃତ୍ୟୁ,
ଶରୀରରୁ
ପ୍ରାଣ ଚାଲି ଯାଉଥିବ
ସେତେବେଳେ ।

ସ୍ୱପ୍ନ ଦେଖିବାରେ ବ୍ୟସ୍ତଥିବା ମଣିଷ
ହେବ ଚିରନିଦ୍ରିତ !

ସିଏ କଣ ଜାଣେ ?

ଦୁନିଆର ଲୋକମାନଙ୍କୁ ପଚାର
ଯେଉଁମାନେ ବଞ୍ଚି ରହିଛନ୍ତି
ମୃତ ଦେହ ଉପରେ
ଢାଙ୍କି ଦେଇଛନ୍ତି ଚାଦର !

କଣ ହେଲା ?
ହେଲା କ'ଣ ?
ଅବଶେଷରେ ?

ତୁଳନା

ଶିବରେ
ଶବରେ
ଅନ୍ତର କେବଳ 'ଇକାର'ର
(ତୃତୀୟ ସ୍ୱରବର୍ଣ୍ଣର)।

ଶିବ
ହେଉଛନ୍ତି ମଙ୍ଗଳକାରୀ,
ଦାନ କରନ୍ତି ସୁଖସ୍ୱାଚ୍ଛନ୍ଦ୍ୟ!

ଶବ
ଅନିଷ୍ଟ-ସୂଚକ
କେବଳ ହେଉଥାଏ କ୍ଷୟ!

ଶିବଙ୍କର ରହିଛି ତ୍ରିନେତ୍ର,
ଶବ ହେଉଛି ଅନ୍ଧ!

ଏହା କେମିତି ଗୋରଖଧନ୍ଦା?

ଦୂରତ୍ୱ

ତୁମେ ମନେ ପକେଇଲ
ଧନ୍ୟବାଦ !
ମଧୁର ବେଦନା ଦେଇଛ
ମୁଁ ତାକୁ କରୁଛି
ସ୍ୱୀକାର !

କେତେ ଅଦ୍‌ଭୁତ ସଂଯୋଗ
ଏହି ଅନ୍ତିମ ଯାତ୍ରାର
ଆଗୋ ! ପ୍ରଥମ ପ୍ରେମ !
ଆସ
ଅଦୃଶ୍ୟ ସ୍ଥାନରୁ ବାହାରକୁ !

ଅଭିଳାଷ ନେଇ
ଯାହା କେବେ ବି ପୂର୍ଣ୍ଣ ହେବନି,
କେବେ ବି ବାସ୍ତବ, ସ୍ଥୁଳ ସ୍ପର୍ଶରେ
ମୋର ଯେତେ ସହ-ଅନୁଭୂତି
ଦୂରେଇ କରି ରହିବନି !

ଚାଲି ଯାଉଛି
ସାଙ୍ଗରେ ସ୍ମୃତି ନେଇ ଯାଉଛି
ଚାଲି ଯାଉଛି ନେଇ କରି ବେଦନା !

ଅନ୍ତ

ଅନ୍ତ
ଏବେ ଅଛି କେଉଁଠି ?
ଯାତ୍ରା
ଏବେ ଅଛି କେଉଁଠି ?

ସବୁ ହୋଇ ଯାଇଛି ନିଶ୍ଚଳ
ବହମାନ, ଉଚ୍ଛଳ ନଦୀ-ଜଳ ତରଳ,
ସବୁ ଜମି ଯାଇଛି
ଶିରା-ପ୍ରଶିରାରେ ରକ୍ତ ପରି !

ବେଦନାରେ
ଅଛି ସବୁ ଦେହର
ଅବିରତ ଜର୍ଜର,
ଏବେ କିଏ ତାକୁ ଠିକ୍ ଠାକ୍ କରି ଦେବ
ଶେଷ ନିଶ୍ୱାସ ପର୍ଯ୍ୟନ୍ତ ?

ଅନ୍ଧକାର ଘେରି ରହିଛି
ଯେତେବେଳେ
ପାଖରେ ଆଉ କେହି ନାହାନ୍ତି !

ଲହଡ଼ି ଏବେ କେଉଁଠି
ରହିଛି କେବଳ ସ୍ଥିରତା,
ଏବେ ଜୀବନ
ଶିଥିଳତାରେ
ହୋଇଛି ଛିନ୍ନ-ଭିନ୍ନ !

ଆଘାତ

ମୁଁ...
ତୁମକୁ ଜୀବିତ ରଖିଛି

ତେଣୁ ତୁମର
ଜୀବିତ, ଗଳିତ ଶବକୁ ବି
ଉଠେଇବି !

ବିଶ୍ୱାସକୁ ହତ୍ୟା କରିଛ
ତୁମେ,
ଆକାଂକ୍ଷାକୁ
ଜଳନ୍ତା ଭାଟିରେ ଝୋଙ୍କି ଦେଇଛ
ତୁମେ !

ଛଳ-ଚାତୁରୀର
ସଫଳ ଅଭିନୟ କରି,
ଜୀବନର ପ୍ରତ୍ୟେକ ପଳରେ
ଅସହ୍ୟ ଯନ୍ତ୍ରଣା ଦେଇଛ ଭରି !

କେବେ ବି ହୋଇ ପାରିନ ପ୍ରିୟ ସହଚର,
ଯଦିଓ ହୋଇନ ଘାତକ ହତ୍ୟାର !
ଆଗୋ, କେବେ ବି ଛଡ଼େଇ ନିଅନି ବଞ୍ଚିବାର

ଅଧିକାର;
ଯଦିଓ ବେ'ପରଦା ହୋଇଛି ଶଙ୍କା ।
ପ୍ରତିଟି ଶଙ୍କା !
ଜୀବିତ ରହି କରି ଯେବେ
ନରକାଗ୍ନିରେ ଦଗ୍ଧ ହେବି
ସଂବେଦନହୀନ ହୋଇ
ସବୁକିଛି ସହିଯିବି !

ଆଗରୁ କିମ୍ବା ପରେ
ସମସ୍ତଙ୍କୁ
ଚିର ନିଦ୍ରାରେ ଶୋଇବାକୁ ପଡ଼ିବ,
ମାଟିର ସହିତ ମିଶିଯିବାକୁ ପଡ଼ିବ !
ଆହେ ହତଭାଗ୍ୟ !
ତାହେଲେ, କାନ୍ଦିବା କାହିଁକି ?

ସତ୍ୟ

ପ୍ରାଣ-ପକ୍ଷୀ
ଉଡ଼ି ଯିବ,
ଉଡ଼ି ଯିବ ।

ପ୍ରାଣ-ପକ୍ଷୀ
ଉଡ଼ି ଯିବ ।
ତାହେଲେ କାହିଁକି ନିଅ ଏତେ ଯତ୍ନ,
ସକାଳ-ସଂଜରେ ଗାଅ ଭଜନ,
ତୁମ ଅକ୍ତିୟାରରେ କଣ ଅଛି ଯେ
ମନ୍ଦିର-ମନ୍ଦିର ବୁଲି ନମନ କରୁଛ,

ଦିନେ ଦେହର ପଞ୍ଜୁରୀ ଭିତରୁ
ପ୍ରାଣ-ପକ୍ଷୀ
ଉଡ଼ି ଯିବ !

ଯିଏ କେବେ ବି
ଫେରି ଆସିବନି !

ଉଡ଼ି ଯିବ
ପ୍ରାଣ-ପକ୍ଷୀ
ଉଡ଼ି ଯିବ !

ନିଶ୍ଚିତ

ଏହା ନିଶ୍ଚିତ କରା ଯାଇଛି ଯେ
ତୁ
ଗୋଟେ ଦିନ
ମୃତ୍ୟୁର କୋଳରେ
ମୌନ ହୋଇ
ଶୋଇ ଯିବୁ !

ଏହା ନିଶ୍ଚିତ କରା ଯାଇଛି ଯେ
ତୁ
ଗୋଟେ ଦିନ
ମୃତ୍ୟୁର ଘନ ଅନ୍ଧକାର ଭିତରେ
ବୁଡ଼ି କରି
ହଜି ଯିବୁ !

ଏହା ନିଶ୍ଚିତ କରାଯାଇଛି ଯେ
ତୁ
ଗୋଟେ ଦିନ
ରୂପଶ୍ରୀକୁ ତ୍ୟାଗ କରି
ଭସ୍ମସାତ୍ ହୋଇଯିବୁ
ହୋଇ ଯିବୁ !

ଘୋଷଣା

ଦୁନିଆ ଲୋକଙ୍କୁ କହି ଦିଅ
ଏବେ
ମହେନ୍ଦ୍ର ଭଟନାଗର ନିଦ୍ରିତ !
ଚିର ନିଦ୍ରାରେ ଶାୟିତ !

ଯାହା ହେବାକୁ ଥାଏ;
ତାହା ହୋଇ ଥାଏ !
ହେ ମାନବ !
ତୁମେ କାନ୍ଦୁଛ କାହିଁକି ?

ଜୀବନ: ଯାହା ନିଜର
ତା ଉପରେ ବି
ନାହିଁ ନିଜର ଅଧିକାର
ଗୃହ-ସମ୍ପଦ: ଯାହା ନିଜସ୍ୱ
ବସ୍ତୁତଃ ତା ଉପରେ ନାହିଁ
କୌଣସି ସାରବସ୍ତୁ !
ତା'ର ବି ତୁମେ ନୁହଁ
ଦାବୀଦାର !
ମୌନ, ନିସ୍ପୃହ ହୋଇ
ଯାତ୍ରା କରି
ସବୁ ଛାଡ଼ିଛୁଡ଼ି,

ନୂଆ-ପୁରୁଣା ସବୁ ସମ୍ପର୍କର ବନ୍ଧନକୁ
ଛିଣ୍ଡାଇ କରି !

ଆହେ, ଏହି ମୁହୂର୍ତ୍ତର
ଅନୁଭବ
ସମସ୍ତଙ୍କୁ କରିବାକୁ ହୁଏ,
ମୃତ୍ୟୁ ଅଟଳ
ତେବେ ତାକୁ ଡରିବା କାହିଁକି ?

ଆହେ, ମୃତ୍ୟୁ ଅମର !
ତୁମେ ପଛେ ମୋତେ ମନେ କର
ଅସହାୟ
ଉପସଂହାର,
ସ୍ୱେଚ୍ଛାରେ
ମୁଁ ତୁମକୁ ଅଙ୍ଗୀକାର କରୁଛି
ତନ-ମନ ଦେଇ ତୁମକୁ ସ୍ୱୀକାର କରୁଛି !

ସୁଖଦାୟୀ
ମାଟିର ଶେଯ ଉପରେ ମୁଁ ଶୋଉଛି !
ଏହି ମାଟିରେ
କଣ-କଣରେ ମିଶିଯାଇ
ନିଜର ଆତ୍ମ-ପରିଚିତି ହରାଇ ବସୁଛି !
କରୁଛି ଗୋଟିଏ ନୂଆ ଜୀବନର
ବପନ !

ଯେମିତି ଭାବରେ ଜୀବନକୁ ଗ୍ରହଣ କରିଛି
ସେମିତି
ହେ, ମୃତ୍ୟୁ
ତୁମକୁ ବି ଆପଣାର କରି ନେଉଛି !

ଯାଉଛି,
ଦୁନିଆରୁ ଚାଲି ଯାଉଛି !
ଚାଲି ଯାଉଛି ସୁନ୍ଦର ଏହି ଘରଦ୍ୱାର, ସୁନ୍ଦର ଦୁନିଆକୁ ଛାଡ଼ି
ଚାଲି ଯାଉଛି !
ସଦା... ସଦା ପାଇଁ
ଚାଲି ଯାଉଛି !

ପ୍ରମାଣ

ବିଦାୟ !
ଜଗତର ସବୁ ସୌନ୍ଦର୍ଯ୍ୟତାକୁ
ବିଦାୟ !
ଆହେ, ଚମକି ଉଠୁଥିବା ଜହ୍ନ
ଜାଜ୍ୱଲ୍ୟମାନ ତାରକା ସମୂହ
ବିଦାୟ !

ଯେତେ ପର୍ବତ... ଉପତ୍ୟକା
ଢାଲୁ ସ୍ଥାନ... ଜଳାଶୟ
ବିଦାୟ !
ସମୁଦ୍ରର ସୁଉଚ୍ଚ ଉର୍ମିମାଳା
ବିଦାୟ !

ମାୟା-ମୋହର ଉଡ଼ନ୍ତ ଡେଣା ସମୂହ,
ପ୍ରେମପୂର୍ଣ୍ଣ ସକଳ ଚକ୍ଷୁ
ବିଦାୟ !

ଅତୁଟ ବନ୍ଧ ପରି ଶକ୍ତ ବାହୁ ସମୂହ
ଅପୂର୍ଣ୍ଣ ଯେତେ ଆଶା-ଆକାଂକ୍ଷା
ବିଦାୟ !
ବିଦାୟ !

ବିଦାୟ

ଭାଗ୍ୟହୀନ ହୋଇଛୁ
ଆମେ,
ଜୀବନର ଖେଳରେ
ପରାଜିତ ହୋଇଛୁ
ଆମେ,

ହାୟ !
ପ୍ରିୟଜନଙ୍କ ଦ୍ୱାରା ପୀଡ଼ିତ,
ହୃଦୟାହତ,
ନତମସ୍ତକ ହୋଇ
ମୌନ ଭାବରେ
ଚାଲି ଯାଉଛୁ ସବୁବେଳ ପାଇଁ

କେବେହେଲେ
ମନେ ପକାଅନି,
ଆଜି ବି
ଶୁଣି,
ସ୍ମୃତିର ପ୍ରଦୀପ ଜଳାଅନି !

ତପସ୍ୱୀ

ମୃତ୍ୟୁ ଉପରେ ବିଜୟ ପ୍ରାପ୍ତି କରିବା ପାଇଁ
ସିଦ୍ଧାର୍ଥ- ଜଣେ ସାଧକ
ଯାତ୍ରା କରିଛନ୍ତି ସାଧନା ପାଇଁ !

ଯିଏ ଯମ-ବାହିନୀର
ପ୍ରତିଟି ପଦକ୍ଷେପକୁ
ଦେଇଛନ୍ତି ଦଳି-ଚକଟି !

କୌଣସି ବି ବ୍ୟୂହରେ
ସିଏ ଅଟକିଲେନି,
ମୃତ୍ୟୁ ଉପରେ
କଷିଲେ ନିଜର ଶକ୍ତି ବନ୍ଧନ !

ଯିଏ ଗାଉଛନ୍ତି
ଜୀବନର ଗୀତ
ମୃତ୍ୟୁର କୂଳରେ,
ଦିନେ ସିଏ ପାଇଯିବେ
ଅମରତ୍ୱ
ଆପଣା ରୂପାନ୍ତରରେ !

ସୁରକ୍ଷିତ କରି ରଖ
ଏହି ଭାସ୍କର୍ଯ୍ୟକୁ
ଗୋଟିଏ ସ୍ତୁପ ନିର୍ମାଣ କରି !

ମୃତ୍ୟୁ-ପତ୍ର

କାନ୍ଦନି
ହୁଅନି ନିସ୍ପୃହ !

ଆଘାତ ସହନ କରନି
ସଂଯମ ହେବାକୁ ଶିଖ ।

ଆଡ଼ମ୍ବରରୁ ମୁକ୍ତି ଲାଭ କରିବା ହେଉ
ଅନ୍ତିମ କର୍ମ,
ପରଲୌକିକ - ପରମାର୍ଥିକ ଉଦ୍ଦେଶ୍ୟ ନେଇ
ଧ୍ୟାନରେ ବସ !

ମୃତ୍ୟୁ-ପରାନ୍ତ ଜଗତ ଓ ଜୀବନ
କେହି ଜାଣିଲେନି
କେହି ଦେଖିଲେନି...

ସମସ୍ତ ନିର୍ଦ୍ଧାରିତ ବ୍ୟବସ୍ଥା
କପୋଳ-କଳ୍ପିତ,
ସବୁ ଆତଙ୍କିତ !

ଏହାର ଅନୁସରଣ କରିବା ଅବାଞ୍ଛିତ !
କେବେହେଲେ ଅନ୍ଧବିଶ୍ୱାସୀ ହୁଅନି,
ଜ୍ଞାନର ଆଲୋକରେ
ହେଉ ସଂସ୍କାର-ପୂତ ଉପାସନା ।

ଏହା ଆଦେଶ
ସତ୍ ଧର୍ମ ଆଉ ସତ୍ ଭାବନାର ପାଳନ କର ।

କୃତକର୍ମା

ଦୁଃଖ କାହିଁକି ?
ଶରୀର ଧର୍ମର ପୂର୍ତ୍ତି ପରେ
ଦୁଃଖ କାହିଁକି ?

ଅନ୍ତ
ପୂର୍ଣ୍ଣତାର ଚିହ୍ନ,
ଗୋଟିଏ ସଫଳ ଅବସ୍ଥାନ
ତେବେ ଦୁଃଖ କାହିଁକି ?

ଜୀବନର ସମାପ୍ତି
ଗୋଟିଏ କ୍ରମ
ତେବେ ଦୁଃଖ କାହିଁକି ?

ଶେଷ
ଜୀବନ-ବୃତ୍ତାନ୍ତକୁ
ସିଦ୍ଧି ପ୍ରଦାନ କର,
କର ଗୌରବାନ୍ୱିତ ।

ଶେଷ ନମସ୍କାର ଗ୍ରହଣ କର !

BLACK EAGLE BOOKS

www.blackeaglebooks.org
info@blackeaglebooks.org

Black Eagle Books, an independent publisher, was founded as a nonprofit organization in April, 2019. It is our mission to connect and engage the Indian diaspora and the world at large with the best of works of world literature published on a collaborative platform, with special emphasis on foregrounding Contemporary Classics and New Writing.

www.ingramcontent.com/pod-product-compliance
Lightning Source LLC
Chambersburg PA
CBHW060620080526
44585CB00013B/923
9781645605386